Ich wünsche dir

die *Fröhlichkeit*
eines Vogels
im Ebereschenbaum am Morgen,

die *Lebensfreude*
eines Fohlens
auf der Koppel am Mittag,

die *Gelassenheit*
eines Schafes
auf der Weide am Abend.

Altirischer Segenswunsch

Froh zu sein, bedarf es wenig

HERZLICHE SEGENSWÜNSCHE

benno

Das große Glück, noch klein zu sein,
sieht mancher Mensch als Kind nicht ein
und möchte, dass er ungefähr
so 16 oder 17 wär.

Doch schon mit 18 denkt er: „Halt!
Wer über 20 ist, ist alt."
Warum? Die 20 sind vergnüglich –
auch sind die 30 noch vorzüglich.

Zwar in den 40 – welche Wende –
da gilt die 50 fast als Ende.
Doch in den 50, peu à peu,
schraubt man das Ende in die Höh!

Die 60 scheinen noch passabel
und erst die 70 miserabel.
Mit 70 aber hofft man still:
„Ich schaff die 80, so Gott will."

Wer dann die 80 biblisch überlebt,
zielsicher auf die 90 strebt.
Dort angelangt, sucht er geschwind
Nach Freunden, die noch älter sind.

Doch hat die Mitte 90 man erreicht,
die Jahre, wo einen nichts mehr wundert,
denkt man mitunter: „Na – vielleicht
schaffst du mit Gottes Hilfe auch die 100!

Jede Generation
lächelt über die Väter,
lacht über die Großväter und
bewundert die Urgroßväter.

William Sommerset Maugham

Möge dein Leben heiter sein

Möge dein Leben heiter sein
wie eine sprudelnde Quelle,
die Tage fröhlich
wie das unbesorgte Lachen eines Kindes,
die Stunden voller Licht und Freude.
So wirst du stets
die unendliche Lebenskraft der Blumen
in dir tragen und deinem Leben
Sinn und Richtung geben.

Irischer Segenswunsch

Der hat sein *Leben*
am besten verbracht,
der die meisten Menschen
hat *froh* gemacht.

Don Bosco

Gelassenheit wünsch ich dir

Die Welt ist schön ...
weil es Menschen gibt,
die dich annehmen;
die dich mögen;
die nicht immer gleich
mit dem Zeigefinger deuten,
wenn du mal anderer Meinung bist ...
weil es Menschen gibt,
die Gutes tun;
Menschen, die Güte ausstrahlen;
Menschen, die nie müde werden,
zum Guten anzustiften;
Menschen, die vorbehaltlos lieben ...

Adalbert Ludwig Balling

Die *Kunst* des Ausruhens
ist ein Teil der *Kunst*
des Arbeitens.

John Steinbeck

Nur die Heiterkeit ist Leben,
selbst das Alter wird verjüngt,
wem der Scherz, der Saft der Reben,
Jugend lachend wiederbringt,
der mag manches Jahr noch leben,
Lust und Frohsinn ihn umschweben.
Und dem Greise selbst gelingt,
sich der Sorgen zu entheben;
nur die Heiterkeit ist Leben,
selbst das Alter wird verjüngt.

Ludwig Tieck

Freude soll nimmer schweigen.
Freude soll offen sich zeigen.
Freude soll lachen, glänzen und singen.
Freude soll danken ein Leben lang.
Freude soll dir die Seele durchschauern.
Freude soll weiter schwingen,
Freude soll dauern
ein Leben lang.

Joachim Ringelnatz

13

Möge die Lebensfreude dich begleiten

Gott, ich werfe meine Freude
wie Vögel an den Himmel.
Die Nacht ist verflattert,
und ich freue mich am Licht
der ersten Strahlen ...
Was da aus uns kommt,
was da in uns ist an diesem Morgen,
das ist Dank ...
Gott, ich freue mich an der Schöpfung
und dass du dahinter bist
und daneben und davor und in uns.
Ich freue mich, Herr,
ich freue mich und freue mich.
Die Psalmen singen von deiner Liebe,
die Propheten verkündigen sie,
denn jeder Tag ist ein Zeichen
deiner Gnade.

Afrikanisches Morgengebet

Da mir Gott
ein fröhliches *Herz* gegeben hat,
so wird er mir es schon verzeihen,
wenn ich ihm *fröhlich* diene.

Joseph Haydn

Bleib optimistisch und heiter

Die Sonne blickt mit hellem Schein
so freundlich in die Welt hinein.
Mach's ebenso!
Sei heiter und froh!
Der Baum streckt seine Äste vor;
zur Höhe strebt er kühn empor.
Mach's wie der Baum
im sonnigen Raum!
Die Quelle springt und rieselt fort,
zieht rasch und leicht von Ort zu Ort.
Mach's wie der Quell
und rege dich schnell!
Der Vogel singt sein Liedlein hell,
freut sich an Sonne, Baum und Quell.
Mach's ebenso!
Sei rüstig und froh!

Johann Gottfried Herder

Der *Humor*
ist keine Gabe des Geistes,
er ist eine Gabe des *Herzens*.

Ludwig Börne

Nimm das Leben, wie es ist

Herr! Schicke, was du willst,
ein Liebes oder Leides;
ich bin vergnügt, dass beides
aus deinen Händen quillt.
Wollest mit Freuden
und wollest mit Leiden
mich nicht überschütten!
Doch in der Mitten
liegt holdes Bescheiden.

Eduard Mörike

Gegen ein hohes Alter
kann man nichts machen.
Aber man kann versuchen,
möglichst lange alt zu sein.

Papst Johannes XXIII.

Tun wir,
was wir tun können.
Gott fügt das
Fehlende schon hinzu.

Don Bosco

Bleibe einfach jung im Herzen

Man nehme zwölf Monate,
putze sie sauber von Bitterkeit, Geiz,
Pedanterie und Angst und zerlege
jeden Monat in 30 oder 31 Teile, sodass
der Vorrat genau für ein Jahr reicht.

Jeder Tag wird einzeln angerichtet aus
einem Teil Arbeit und zwei Teilen Frohsinn
und Humor. Man füge drei gehäufte
Esslöffel Optimismus hinzu, einen Teelöffel
Toleranz, ein Körnchen Ironie und
eine Prise Takt.
Dann wird die Masse sehr reichlich
mit Liebe übergossen.

Das fertige Gericht schmücke man mit
Sträußchen kleiner Aufmerksamkeiten
und serviere es täglich mit Heiterkeit
und mit einer guten
erquickenden Tasse Tee ...

Catharina Elisabeth Goethe

Das *Glück*
ist das einzige,
das sich *verdoppelt*,
wenn man es teilt.

Albert Schweitzer

Bleib froh im Herzen

Glück ist eine stille Stunde,
Glück ist auch ein gutes Buch,
Glück ist Spaß in froher Runde,
Glück ist freundlicher Besuch.

Glück ist niemals ortsgebunden,
Glück kennt keine Jahreszeit,
Glück hat immer der gefunden,
der sich seines Lebens freut.

Clemens von Brentano

Wir kommen nicht aus der *Traurigkeit* heraus,
wenn wir uns ständig den *Puls* fühlen.

Martin Luther

Gute Zeiten wünsche ich dir

Wollen wir uns über die Zeit beklagen?
Nicht die Zeiten sind gut oder schlecht.
Wie wir sind, so sind auch die Zeiten.
Jeder schafft sich selber seine Zeit!
Lebt er gut, so ist auch die Zeit gut,
die ihn umgibt.
Ringen wir mit der Zeit, gestalten wir sie,
und aus allen Zeiten
werden heilige Zeiten.

Aurelius Augustinus

Genieße die Freude

Ich wünsche,
dass dein Glück
sich jeden Tag erneure,
dass eine gute Tat
dich jede Stund erfreue!
Und wenn nicht eine Tat,
so doch ein gutes Wort,
das selbst im Guten wirkt,
zu guten Taten fort.
Und wenn kein Wort,
doch ein Gedanke schön und wahr,
der dir die Seele mach und
rings die Schöpfung klar.

Friedrich Rückert

Nehmen wir uns nicht zu viel vor.
Es genügt die friedliche und ruhige *Suche*
nach dem *Guten* an jedem Tag, zu jeder Stunde,
aber ohne Übertreibung und Ungeduld.

Papst Johannes XXIII.

Bleib achtsam

Stets achtete ich die Gelassenheit
für eines der höchsten Güter,
welche der Mensch auf dieser Erde erringen kann:
aber die Gelassenheit unter allen Umständen,
die Gelassenheit jedem Wesen
und Dinge gegenüber,
die Gelassenheit in jeder Lage,
sei sie bequem oder unbequem,
drohend oder lächelnd,
gut oder böse.

Wilhelm Raabe

Immer beschäftigt sein
und nicht unter der
Eile leiden,
das ist ein Stück
Himmel auf Erden.

Papst Johannes XXIII.

Bibliografische Information der Deutschen Nationalbibliothek
Die Deutsche Nationalbibliothek verzeichnet diese Publikation
in der Deutschen Nationalbibliografie; detaillierte bibliografische
Daten sind im Internet über http://dnb.d-nb.de abrufbar.

Besuchen Sie uns im Internet:
www.st-benno.de

Gern informieren wir Sie unverbindlich und aktuell auch in
unserem Newsletter zum Verlagsprogramm, zu Neuerscheinungen
und Aktionen. Einfach anmelden unter www.st-benno.de.

Bildnachweis:
Cover, S. 5, S. 20-23: © o2irina/Fotolia; S. 4: © ann_precious/
Fotolia; S. 7: © baluchis/Fotolia; S. 8/9: © creative_stock/Fotolia;
S. 10/11: © Trinochka/Shutterstock; S. 12/13: © dip/Fotolia; S. 14-
17: © marlene9/Fotolia; S. 18/19: © monikakosz/Fotolia; S. 24/25:
© peony/Fotolia; S. 26/27: © Sergio Hayashi/Fotolia; S. 28/29:
© Rouz/Fotolia; S. 31: © Kaliaha Volha/Shutterstock.

ISBN 978-3-7462-4612-3
© St. Benno Verlag GmbH, Leipzig
Zusammenstellung: Volker Bauch, Leipzig
Umschlaggestaltung: Ulrike Vetter, Leipzig,
Gesamtherstellung: Arnold & Domnick, Leipzig (A)